Il était un petit navire
qui connaissait rien aux étoiles
Il était un petit amiral
qui sentait pas le vent venir
(Maxime le forestier-2008)

J'aurais bien voulu mais il me manquait l'essentiel,

La falaise

Il a encore une fois regardé longuement ces grands et beaux oiseaux planer sans efforts dans les airs. Il les reconnait tellement bien, ces presque frères.

Il imagine avec tellement de puissance leur volupté d'ainsi se jouer des vents marins, de monter, de descendre d'un simple mouvement d'aile, d'aller sans mouvements vers l'horizon et de pouvoir repérer de loin les ascendances qui leur permettront de rejoindre d'autres continents, d'autres mondes.

Il le sait, il les sent puisqu'étant de la même race qu'eux, ces beaux albatros.

Enfin presque.

Maintenant sa vie se simplifie.

Il sait clairement depuis peu, qu'il ne rejoindra jamais le grand large en accompagnant ses quasis semblables.

Le chemin fut long pour le comprendre, tant les tentatives de voler, les espoirs et les efforts furent nombreux.

La dernière fois qu'il fut tenté de prendre le large, il failli ne pas revenir sur sa falaise protectrice et lénifiante.

Son aile droite atrophiée par tant d'années de déshérence ne pouvant d'avantage le soutenir face au violent vent du large.

Ce ne fut cependant pas les soins qui lui manquèrent à cette aile, pour laquelle tant de thérapies furent essayées.

Perdant de la hauteur à chaque mouvement, il atterrit finalement sur la grève et fut obligé de remonter cette maudite falaise, avec comme le disait si joliment Baudelaire son aile droite « *traînant piteusement comme un aviron à côté de lui* ».

De retour dans sa prison aérée, il mit plusieurs mois à se remettre de son expérience, pour finalement enterrer ses rêves de grand large.

Réapprendre à apprécier le calme bruit des vagues sur les galets, profiter des souffles tièdes de l'été. Regarder au loin ces êtres, apparemment identiques, monter et descendre avec les ascendances.

Il s'est longuement interrogé pour savoir s'il était vraiment de cette race là !
Si ce n'était pas seulement qu'une fatale apparence qui lui avait fait confondre ses ambitions, son destin et sa vraie nature ?
Car il se rendait bien compte à présent que pour être cet Albatros conquérant les plus hautes vagues et bravant les plus terribles cieux, peut-être ne suffisait-il pas d'être capable de seulement planer en haute mer.
Encore devait-on être rompu à abandonner ses compagnons en perdition dans les vagues tumultueuses, d'en précipiter d'autres dans les flots car les mêmes poissons étaient convoités et que finalement seul le plus fort triomphait.

Et pourquoi, se disait-il cette dualité stupide ?
Ne pouvait-on être Albatros et aider ses semblables ?

Fallait-il un perdant et un gagnant ?

Et puis finalement n'y avait-il pas assez de poissons pour nous tous ?

Mais non !

Ces oiseaux là, ne pensent pas comme cela.

Il a finalement admis que cette vie d'albatros du grand large il ne l'avait au fond jamais vraiment comprise et probablement jamais tellement désirée. Mais aussi que décidément trop tôt jeté en dehors du nid par une chaude nuit d'été et brusquement obligé de fuir ce qui lui avait semblé avoir été un havre protecteur, il s'était retrouvé, déjà, sonné par la brutalité des événements.

Ce ne fut plus, par la suite, qu'une succession de batailles, petites ou grandes, qui sans aucun plan directeur et sans aucune hauteur de vue ne peuvent être comprises que dans leur ensemble.

L'urgence de trouver et d'exécuter dans l'immédiat l'a emporté sur l'idée de bâtir un ensemble cohérent qui serait le résultat d'une stratégie. En fait un plan de vol que tous ses collègues albatros créent depuis le départ.

Il avait alors pris son envol, comme son instinct le lui commandait, mais sans expérience et sans guide, n'avait-il pas définitivement estropié cette aile blessée déjà toute jeune ?

Cela restera le grand mystère de sa vie : aurait-il été capable de voler avec ces oiseaux, et de leur apporter ce que tellement d'autres races s'échangeaient : sollicitude, aide, accompagnement ?

Il s'est alors résolu à parcourir à nouveau ces chemins qui l'avaient conduit jusque sur cette falaise, car il avait cette mémoire fantastique dont disposent tous les oiseaux de sa race et qui leur permet tout en parcourant des milliers de kilomètres en haute mer de retrouver précisément et sans hésitations une route.

Ces chemins ont été racontés par Simon et Léo, les deux amis intérieurs qui l'avaient accompagné dans son âme depuis sa naissance. Ses deux grimelines éthérés.

C'est ainsi qu'il avait décidé de les nommer, ses deux aspects, ces deux passagers clandestins de son intimité, tellement différents l'un de l'autre et tellement proches ; tout en méditant, déjà vieux, il avait détecté .leur présence dans son esprit comme une intime dualité.

Il était parvenu à leur parler, d'abord doucement et timidement comme on le ferait avec deux enfants qui semblent apeurés.
Mais c'était bien lui ce vieil Albatros qui était le plus intimidé de découvrir ces deux pensées cohabitant avec lui sans qu'il n'en sût rien si longtemps.

Depuis cette révélation, il les a tellement fréquenté qu'il est arrivé à les reconnaître rien qu'à leur voix et depuis il leur parle souvent, obligé de les séparer dans leurs différents comme on le ferait de collégiens insoumis.

Il sait que le soleil qu'il aime tellement recevoir par lames chaudes sur son visage se couchera bientôt et définitivement pour lui.

Que les froids hivers ne viendront plus le réveiller et que les brumes tièdes du printemps seront réservées aux autres Albatros qui sont nés cet été sur les falaises quelques mètres plus bas.

Il relit ces courriers que Simon et Léo se sont envoyés pendant ces dernières années.

Correspondance

Mars 2009.

Cher Simon,

Comme tu as pu l'entendre de notre enveloppe charnelle toute construite de plumes, d'espoirs et d'ambitions nous allons nous souvenir, fort et loin.
Retraçons ensemble le Chemin de ce cher oiseau que nous connaissons tellement bien, et tellement peu.

Je dis nous, mais en fait il est probable que tu l'as moins bien connu que moi ce beau trois mâts des courants aériens, qui n'a somme toute jamais dépassé l'horizon de la plage.
Même s'il impressionnait les grand-mères allongées sur leurs transatlantiques, il ne s'agissait jamais de vraies aventures.
Sauf, peut-être, lorsqu'encore jeune voilier en plein apprentissage il prenait des leçons avec ses maîtres

de l'université et rivalisait avec les meilleurs du clan des jeunes albatros.

Son aile ne le gênait pas trop alors, car tous ses jeunes collègues souffraient encore considérablement des maux que la jeunesse impose : réserve, timidité, impatience, leur provoquaient autant de soucis que son aile peu brillante.

A l'époque nous avions trouvé toi et moi une sorte d'équilibre comme sur une balancelle.

Je prenais les commandes lors de ces interminables journées d'étude et d'examens, qui comme un marathon démesuré, n'en finissaient pas de se succéder pendant ces semaines où toi mon cher Simon n'avait que peu à dire.

Si souvent KO, en dehors des cordes, loin des premiers nous revenions tous les trois, tous ensemble en se disant comme notre copain de l'aviron qui courrait tellement mieux : « revient dans les jambes, ne prend pas le vent loin derrière ».

Et nous revenions cahin-caha, moi tirant souvent sur ton sac pour que tu suives.

Nous revenions au trot, sur la durée des mois de vacances, avec quelque part ce sentiment « qu'on le ferait » sans jamais paniquer, au souffle, au souffle, encore, encore , doucement mais encore.

Et les nuits d'Août pendant lesquelles le dernier merle venait chanter sur le bord de la fenêtre, et où dans la nuit noire tu nous accrochais, pleurant parfois de fatigue, de faiblesse après plus de 18 heures d'études.

Nous n'étions pas si nuls et on le faisait à chaque fois, à chaque haie passée se présentait la suivante et elle passait.

C'est étrange de vivre dans un groupe de personnes, certains l'appellent une famille, tout en ayant la sensation d'habiter en demi-pension dans un hôtel. Puisque nous partagions les repas, échangeant dans le meilleur des cas des banalités, nous fonctionnions Alba, toi et moi.

Quatre années passées à ce rythme et deux années durant lesquelles tu n'apparaissais pratiquement plus.

Seuls quelques poèmes ou pensées certains soirs d'automne, après avoir traversé le bois de la Cambre, nous rappelaient ton bon souvenir.
Nous rentrions avec le dernier bus 38 pour étudier et étudier encore, ivres de fatigue.
L'ivresse était causée, je m'en rends compte 40 ans après, par cette distorsion que nous vivions et que tu n'existais plus.
Personne ne te remplaçait, aucune douceur, aucune chaleur que je trouvais encore peu de temps avant, auprès de mes amis de l'athénée et de leurs parents qui m'entouraient, m'accueillaient, me comblaient.

Les théories de Bolzano-Weierstrass, la mécanique quantique, les théories monétaires, et ce challenge que je n'ai jamais abandonné de réussir ces épreuves, m'ont forcé à ne pas t'écouter, ou était-ce toi qui stupéfait par tant de froideurs, te taisais ?
Mais le pouvais-je vraiment ?
Le peu de distance que je mettais avec les autres collègues apprentis-albatros me faisait déjà perdre de nombreux kilomètres et des ascendances qui me

manqueront cruellement lorsque mon aile commencera à me faire férocement souffrir.

Toutes ces notes conservées par moi, que je te livre ici, te sont probablement inconnues. Tu n'étais que feux et larmes lorsque j'étais ambition et raison.

Toutes ces réflexions éparpillées je les ai pensées durant toutes ces années et patiemment classées, comme on rangerait quelques fragments de météorite sans en comprendre la valeur mais en se doutant bien qu'elles ne sont pas qu'un simple caillou.

Tu sais certainement que toi et moi aimons les mots et les ruisseaux qui les rassemblent que sont les aphorismes.
Nous aimons nous y plonger car ils apaisent ou éclairent ces détours et ces chemins biscornus que nous fait souvent prendre l'existence et la nôtre en particulier.
Nous peignons grâce à eux en quelques phrases toutes ces émotions, pour toi, ou ces idées pour moi.

Pourquoi finalement t'ai-je toujours appelé Simon ? C'est toujours ce prénom qui me venait à l'esprit en pensant à tes faiblesses, tes doutes, ta douceur mais aussi ta force.

Tu es comme ce petit enfant juif aux cheveux tous bouclés, des films de Lelouch, à l'air désolé de déranger les autres, souriant à cette personne qui te prenait en photo, tellement heureux d'être pendant 30 secondes l'objet de l'attention d'un de ces géants qui t'impressionnaient.

Ce petit bonhomme qui dessine, écrit et se demande éternellement pourquoi tout s'agite autour de lui, pourquoi aller si vite et qui sont ces grandes personnes qui ont l'air de tout sauf d'être gentilles. Pourquoi arrêter de jouer, de respirer l'air frais des arbres en automne et encore chargés de la chaleur de la journée ?
 Pourquoi ? Pourquoi ?
Tu étais Simon-POURQUOI ?

Tu n'as d'ailleurs pas changé, car toi et moi aujourd'hui encore, nous nous demandons de plus en plus le pourquoi des choses, moi dans le refus de l'absurdité sans frontières que notre civilisation crée et toi dans l'incompréhension de la puissance des mauvaises âmes qui nous dirigent.

Mars 2009.

Cher Léo,

Tu me proposes ce long voyage durant lequel nous allons parcourir à nouveau ces chemins emplis de brume mais dans lesquels tu sembles y voir mieux que moi, qui comme tu le sais, ne vois rien mais ressens tout.

Si par ailleurs tu m'as toujours appelé Simon, petit enfant aux yeux tristes et doux, je t'ai pour ma part toujours perçu comme ce lion dont je lisais avec délectation les aventures.

Et qui comme nous avait été adopté par une maman brebis, et s'était toujours identifié à une brebis. Craignant comme sa maman la morsure du loup, il se réveilla une nuit lorsque sa mère tombée dans les griffes du prédateur l'appela à elle. Il rugit fortement et chassa à jamais ces importuns. C'était toi, qui rugis lorsque nous eûmes 12 ans et c'était pour nous, par pour ta maman que malgré tout tu assumeras comme je n'aurais pu le faire.

Dès cette époque, tu as représenté notre Nous à l'extérieur, et c'est bien évident que je t'ai continuellement posé des problèmes avec mes sentiments en décalage permanents.

Mais je fus conçu comme un Bonzaï. Pincé ici, coupé là, serré ailleurs, je n'ai jamais pu atteindre la taille du chêne que j'aurais voulu être.

Je me dis aussi que bien souvent, je te permets de voir les autres, les petits et les faibles, avec le même regard de tendresse que tu avais toi Lion, vers ta maman brebis. Avec ce regard plein de compassion, d'envie de rugir un bon coup pour chasser les hyènes qui se pressent auprès de ces gens affaiblis.

Mais j'ai abondamment occupé l'espace que nous partagions, jusqu'à ces fameux 12 ans où tu rugis pour la première fois, encore modestement mais quand même, plusieurs se sont tus et qui jacassaient jusque là.

Puisque tu as remis en marche l'aube du moulin à souvenirs, je me souviens très bien que je me demandais avant cette période d'éveil de Toi, ce que nous voulaient tous ces gens.

Je me souviens pertinemment bien d'avoir été comme un figurant dans un cirque à tenter de « fonctionner » comme ces grandes personnes l'imposaient.

Je ne fonctionnais pas très bien, il faut l'admettre, n'ayant rien compris aux règles du jeu.
Tous ces grands sur les photos que je retrouve aujourd'hui, souriaient et prenaient des poses comme dans les films américains.

Ils souriaient mais le bonheur simple qui semble rayonner de ces photos était bien trompeur, et moi fort seul.
Il faut aussi dire que mes copines de jeux avaient aux alentours de 65 ans, Madame Lucie et ses cours de cuisine, tante Peta, qui n'était pas ma tante, mais qui était bien gentille quand même.
Je suis venu tellement tard chez des parents qui avaient déjà découvert leur héros, mon frère né cinq

années avant, que j'avais d'ailleurs dû profondément déranger lui et ses plans d''annexion totale du territoire de la famille.

En revoyant cette photo où j'ai les petons dans les vaguelettes de la mer du nord, je suis surpris de découvrir le « Gauleiter » de la famille, le fameux frère, son air arrogant et respirant la méchanceté. Peut-être n'est ce pas un hasard, on le sait depuis le docteur Freud, s'il a par 2 ou 3 fois essayé de m'occire, mais ni Freud ni Lacan ne sont jamais venu faire de conférence à la maison, alors on laissait faire.

Freud, Lacan et ma famille ont toutes les excuses du monde mais nous avons découvert et compris bien tard que dans la croissance de certaines âmes il peut être nécessaire de disposer d'un tuteur afin qu'elle puisse se développer sans être tout à fait de travers.

Mais cela nous en parlerons bien sûr.

Juin 2009.

Salut Simon,

J'ai regardé les photos dont tu m'as parlé. J'en ai découvert d'autres, dont une sur laquelle tu n'as guère plus de 7 ans et tu y occupais encore tout l'espace.
Tu es avec ta maman, et tu souris à l'objectif d'un photographe de rue comme il y en avait encore à l'époque.

Tu lui tiens la main, et sur tes lèvres on peut voir ce petit air gêné, délicieusement fier d'être pris en photo avec ta maman. Ce petit air que tu as longtemps conservé, tout à la fois gêné et heureux, on dirait aujourd'hui « *mignon* ».
Le temps, mais moi aussi, avons fait en sorte qu'il ne paraisse plus sur notre visage, et il a chez toi migré

dans ton âme, mais enfin, ne fallait-il pas devenir grand ?

Et il y avait tellement de barbares dehors. Tellement de lourdauds aux esprits étroits.

L'école de Forest et ses professeurs tous droits sortis du Grand Meaulnes, qui t'avaient déjà crucifié avant que d'arriver car tu es était le frère de… C'est un peu là que moi, je suis né, ou plutôt que je me suis réveillé.
Il me semblait avoir tout le temps pour grandir et devenir ce grand lion que tu vois en moi.
Du temps nous n'en avions déjà plus et nous n'avions que 12 ans.

Nous sommes devenus vieux très jeune, en somme.

Ces époques imbéciles et ces gens obtus, déjà tellement décrits par abondamment d'auteurs que c'est à se demander quelles sont les magies qu'il faudra un jour employer pour qu'ils n'apparaissent plus.

L'été 1968 est alors arrivé, et puisque nous apparaissions pour des Gogols en ne sachant pas distinguer un narcisse d'une jonquille, j'ai décidé de sortir de mon berceau et d'aller te protéger, me protéger, nous allions changer les choses.
J'ai cet été là rugit, et me suis apparu comme Léo…

Pour ne pas avoir de problèmes avec les « grands » il valait mieux leur ressembler.
La différence n'est possible qu'entouré de personnes bienveillantes, et dans le cas contraire elle est le meilleur moyen de se faire briser.

C'est aussi à ce moment là qu'un monde de tous les possibles s'est ouvert.
Je suis encore moi-même surpris par mes idées de l'époque, rejoindre l'école des cadets de l'armée c'était en fait déjà partir dans un ailleurs.
Ne valait-il pas mieux être seul dehors et quelque part, que chez « soi » et là où il n'y a pas d'autre possible ?

Mais tous ces souvenirs par toi et moi partagés ne nous rapprochent pas de notre Albatros sur sa falaise !

N'avions nous pas reçu la même éducation que des milliers de jeunes oiseaux qui pourtant prirent un jour le large et traversèrent l'Atlantique en devenant parfois des guides pour les bateaux perdus dans les tempêtes ?

Comment avons-nous abîmé à jamais cette aile ?

En revoyant ces photos, ces sourires, je parviens à analyser le sentiment qui prévalait à l'époque, celui de la solitude.

Tous les enfants sont seuls, puisqu'ils doivent attendre, mais certains plus que d'autres.

Attendre de comprendre, attendre de grandir, attendre de pouvoir parler, attendre d'être.
A force d'attendre certains ne savent plus ce qu'ils attendent ! C'était un peu notre cas à toi et moi.

Un enfant ne s'éduque pas tout seul.

Il est une braise qui rougeoie dès sa petite enfance et c'est la douceur et l'intelligence avec lesquels on soufflera sur celle-ci qui feront qu'il sera à même de brûler un jour de cette ardeur qui font les guerriers, parfois tout près de chez lui, mais à sa distance.

Etre aussi, Simon, un enfant de vieux c'est être en permanence avec des grands-parents sans qu'ils le soient, puisqu'eux-mêmes ils découvrent le métier de parent….

Un père né avant la guerre de 1914 qui vouvoyait ses « pères et mères » et était issu de l'enseignement des pères Jésuites, ce qui lui avait entre autre fourni un indubitable ressentiment pour les juifs qu'il avait pourtant, si on y pense bien, un petit peu libéré en 1945, durant la campagne d'Allemagne.

J'ai côtoyé, alors que j'aurais dû être un vrai enfant de 1968 et que je l'étais, une image des années 1920. En regardant des reconstitutions de films d'Agatha Christie je suis souvent étreint par un malaise, retrouvant ces ambiances de messes lugubres, de silences assourdissants, vides abandonnés.

La vie, le mouvement, la discussion, les échanges n'existaient que lorsque nous visitions d'autres familles, jeunes, elles au moins.

Très étrangement, je n'ai pas l'impression que nous ayons été éduqué par un père absent tout droit sorti des romans d'Hervé Bazin, mais de ne pas avoir été éduqué du tout.

Une mère doucement et de plus absente, qui si elle n'avait pas passé toutes ses après-midi au lit, aurait pu ressembler à des duchesses anglaises des années folles sirotant leur énième porto rouge dès 16 heure.

Dans ces familles là existe souvent une nounou bienfaisante qui compense la bêtise et l'ignorance des parents.
Je n'ai pas eu la chance d'en avoir une en permanence.
J'ai pourtant ce très agréable souvenir de toutes les « bonnes » comme on les appelait alors, car je pense

maintenant que toutes avaient perçu le petit garçon que nous étions.

Des « Bonnes » à « tout faire » mais surtout pour moi à « tout aimer ».

J'ai longtemps été frappé par le fait que les mères de mes camarades étaient jeunes et belles. Elles ressemblaient plus à des sœurs pour moi, puisque ma cousine avait leur âge.

De cette époque, j'ai gardé un profond mépris pour tous ces êtres âgés qui pouponnent sur le tard pour exister ou faire semblant.

Ces enfants qui ne seront pas heureux et ne seront pas ouverts ne doivent pas servir d'antidépresseur à ces vieux en mal de jeunesse, ou pire encore, en quête de bien-disant social, puisqu'il était admis dans les sociétés d'alors qu'il fallait avoir pour être ce bourgeois reconnu, une femme, une maison, un chien et des enfants, l'ordre de citation me semblant correct.

J'en ai tiré, Cher Simon une force qui était peut-être là sous la braise.

Je pense que toi tu ne pus, avec ces intuitions et ces sentiments fulgurants qui te caractérisent, que boire le fiel et la désespérance de ces situations.

Peut-être que nos destins et nos comportements tellement différents ont trouvé leur origine dans cette époque sombre et trouble.

Bien des secrets courraient alors, que je n'ai pas voulu investiguer, car ce serait déjà par un acte d'écoute, un chemin du pardon qui ne pourrait jamais exister de notre part, en tout cas de la mienne.

C'était aussi le moment qui a marqué le reste de notre vie, puisque nous fûmes conditionné à nous occuper des autres, n'ayant aucune notion de ce que l'égoïsme pouvait représenter.
Les autres et leurs problèmes que tu percevais tellement facilement que c'en était gênant.
Qui nous faisait recueillir les confidences de nos amies, de sa mère mais aussi pourquoi écouter l'autre et tenter de le comprendre amène-t-il à devoir s'en occuper ?

Pourquoi n'ai-je pas développé cette capacité si utile de me servir des autres ? Ta présence probablement, éternel humaniste, va !

Peut-être devais-je me dire dans ma rationalité que cet humanisme serait un atout ?
Il fut tout au long de ma vie, de notre vie, un terrible handicap.

Juillet 2009.

A léo,

C'est exact qu'il existe des tissus dans lesquels les faux-plis de repassage laissent plus de traces que d'autres. Notre problème c'est en fait d'avoir été le mauvais tissu au mauvais endroit !
Nos repasseurs et repasseuses n'étant pas les plus habiles, comment aurions-nous pu figurer au concours d'élégance ?

Il me semble aussi que nous aurions pu naître en 1900 et que cela nous aurait bien convenu.

Maintenant que la porte aux souvenirs s'est entrouverte, je me remémore très précisément une infinité de petits faits qui mis bout à bout pourraient commencer à créer une histoire plausible pour dégager ce que nous sommes et surtout ce que nous avons été pendant toutes ces trop longues ces années. Naissant comme nous l'avons fait dans cette famille où aucune place ne nous était réservée, mon caractère nous a joué bien des tours….pleins de petits bouts…

Beaucoup en aurait ri à pleurer, mais pas nous : pas toi car tu vivais ces petits bouts comme des humiliations, et moi comme des preuves que décidément je n'étais pas comme les autres.

Nous sommes passés d'une insouciance totale, conscience éthérée de la petite enfance à une fantastique capacité de refus de la légèreté.
Cette incroyable compétence à fuir la douceur du moment présent.
Ce fantastique talent à fuir l'insouciance.

Ce n'est pas faute d'avoir lu plusieurs livres sur le bonheur, depuis Nietzsche jusqu'au Dallai Lama, mais toute cela ressemblait plus à de la science fiction qu'à une réalité tangible pour nous.
Pourquoi parler des couleurs à un aveugle de naissance ?

Te souviens-tu de ce petit bout de chemin, où lorsqu'à 16 ans, nous étions allés main dans la main avec Chantal, premier flirt ?
Le soir même en rentrant du cinéma, elle nous avait

dit, ne plus vouloir continuer cette trop longue histoire d'amour qui durait depuis 4 jours.
Je n'avais pas pris l'initiative de l'embrasser dans la rue….

1900 disais-tu ?
A cette époque, au moins, aurions nous dû la fréquenter quelques semaines au moins, voire quelques mois, avant de pouvoir lui déposer un baiser sur ses lèvres.
Cela m'aurait plutôt bien convenu comme plan. Bien plus que de lutiner une fille dans une improbable ruelle de Bruxelles.

Mais enfin, cet échange de courriers ne doit pas tourner à la rédaction d'une fable remplie d'argutie qui n'intéresse personne.

C'est amusant que ce soit moi qui te fasse cette remarque, moi si enclin à la nostalgie du moment à peine passé, semblable à la bougie s'éteignant doucement et qui répand sa prégnante odeur de cire.

Les japonais ont le sens des raccourcis ce que nous n'avons pas.
Ils ont les Haïku qui en quelques lignes à peine dressent un poème.
Ils ont également les Kakebo qui à l'origine sont des listes de ménagères, illustrées de recettes mais qui aujourd'hui se retrouvent dans la démarche d'écrivains dressant des listes poétiques.

Pourquoi dès lors, ne pas utiliser cette méthode des Kakebo pour évoquer ces moments formateurs, blessants, tristes, isolants,…
Nous dresserions alors, non pas des listes de courses, mais les listes de nos petits bouts de vie, dont le goût amer nous reste encore sur le palais.

Evoquer aussi en ombre chinoise, tous les moments heureux où toi et moi avons pensé un bref instant que nous « *étions* ».
Nos Kakebo de souvenirs nous feront gagner un temps considérable.

Je sais que les mots pour toi comme pour moi, au moins nous ressemblons-nous sur ce point, sont des maisons que nous habitons.

Ils nous permettent de peindre en quelques traits des tableaux sans savoir dessiner, d'écrire des partitions sans connaître la musique. Barbara ne disait-elle pas « écris-moi des musiques bleues » ?

Il nous faut pour cela ranger et dépoussiérer les coins obscurs qui, encore, nous habitent.

Cette entreprise que nous réalisons ensemble, en rassemblant ces courriers ne serait-elle pas plus conforme à nous même si nous la parsemions de petites touches de dessins ?

Toi et moi adorons cette expression.

Toi tu crayonnes en permanence lors de tes réunions de travail. Ce sont souvent des cylindres, des cubes, des carrés.

Lorsque je prends le dessus, ce sont plus souvent des maisons ou des arbres, parfois des fleurs.

Allez, prenons ce pari d'inclure quelques dessins nous représentant.

Nous prendrons plaisir à les faire ou les chercher.

Et puis ainsi reproduirons-nous très présomptueusement l'origine des livres, qui n'étaient qu'enluminures.

Ce dont il faut se souvenir c'est que beaucoup d'histoires sont constituées d'une infinité de petits moments. Aucune droite n'existe, seule la courbe faite d'une multitude de petits segments droits crée l'illusion du trait.

Aphorismes, oxymore et petites musiques des petits mots qui ensemble nous peignent un tableau que des phrases entières ne décriraient pas.

Le Kakebo de nos vies

Souvenirs réels ou composés de cette folle descente en poussette, lâchée par le Caïn qui me servait de frère.

5 ans plus âgé, il eût pu être le guide et il fût le jaloux, l'égoïste, le déserteur, l'inconscient, le puéril, l'argent facile.

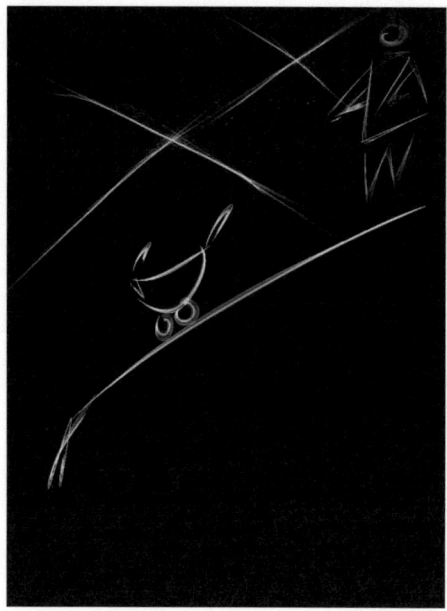

Petit bout de ce instant où ma maman est partie en Allemagne durant une nuit noire, qui m'a laissé croire qu'elle retournait dans les camps de prisonniers dont on parlait tant à la maison. On n'imagine pas les frayeurs de l'enfance et leurs effets papillons qui persistent toute la vie à cause d'un simple battement d'aile de ces grands idiots d'adultes.

Melocoton, où elle est Maman ?
J'en sais rien; viens, donne-moi la main
Pour aller où ?
J'en sais rien, viens
Papa il a une grosse voix
Tu crois qu'on saura parler comme ça ?
J'en sais rien ; viens, donne-moi la main

<u>Collette Magny</u>

Cette honte d'avoir été malade à la mer du Nord en 1962, durant cet hiver pendant lequel la banquise s'était formée au Zoute. J'y avais dérangé le weekend de ces gens qui portaient le même nom que moi.

Cette douceur de voir la belle Mademoiselle Nicaise, l'institutrice de mes 6 ans qui avait des bas en nylon qui crissaient lorsqu'elle marchait et que je prenais pour ma sœur puisqu'elle ne pouvait pas être ma mère

Ce midi j'avais 10 ans et je discernais depuis l'école ma maison, dans laquelle je ne pouvais pas rentrer manger, car maman était « souffrante ».
La femme de ménage, qui était, elle, bien gentille me faisait coucou depuis la cuisine.

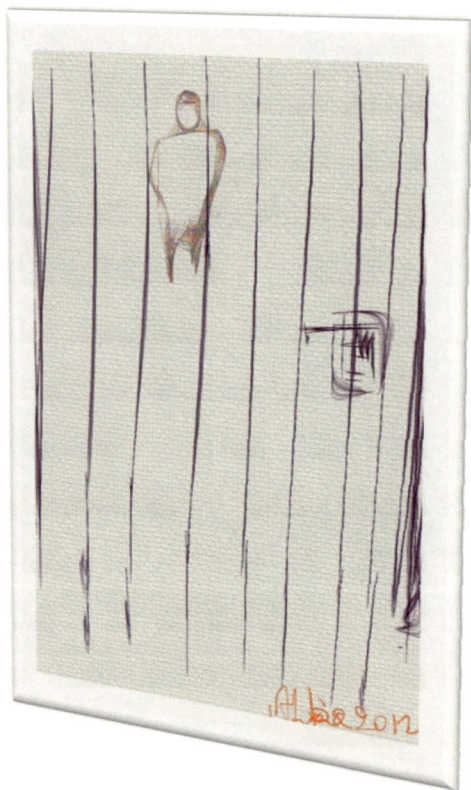

Revenu à la maison ce midi, pour voir la maison, voir mon chien, peut-être aussi mes parents ?
Qui d'autre rencontrer ? comment leur dire que je ne veux pas retourner dans cette école où tout est gris, froid, vulgaire et où tout le monde me compare à mon frère, cet escroc souverain que je ne suis pas, mais je suis le seul à le savoir !
Perdu, gris, prison, mépris, je ne suis rien, je me perds, qui peux m'aider ?

L'éternel port qui sera un jour l'ultime, empli d'amis et de frères éternels, dans lequel nous venions nous mettre à l'abri lors des tempêtes.

Cette impression que nous ne sommes qu'entourés d'êtres bienveillants.

La honte aujourd'hui.

Tellement trouillard d'être devant la classe, mon prof de Math me demande une addition 13+17. Le trou noir. La tête qui tourne, je ne sais pas, je ne sais plus. La honte.

C'était la dernière fois, je l'ai juré.

 Même si je ne sais pas, plus personne ne le verra, promis.

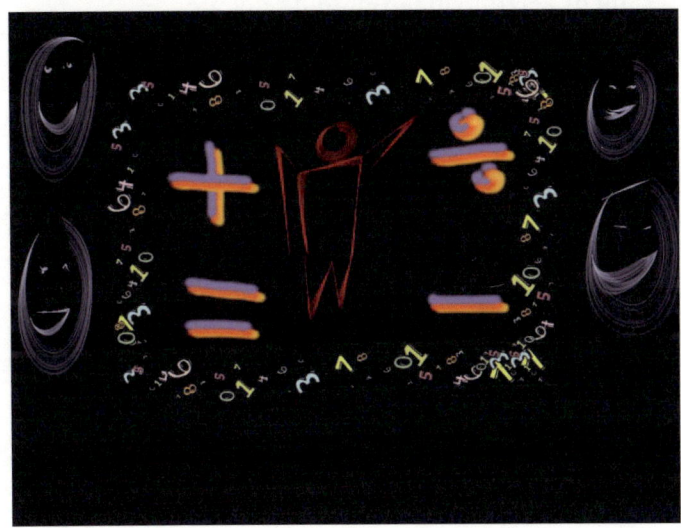

Uccle 2, mon Athénée, tu m'as sauvé.

Que des jeunes professeurs. Qui écoutent, qui te sourient.

Ils pensent que je vaux quelque chose.

Dur à croire.

Ils sont tous beaux, gentils.

Ce pourrait être mes frères, mes sœurs. Ce sont mes profs.

Ils m'accompagneront toute ma vie.

Ils sont le soleil, l'intelligence, la culture.

Les bouteilles cachées, la traque aux bouteilles, les ambulances et la nuit, les urgences, la police. Tellement souvent.

La honte de la déchéance, l'horreur de la vulgarité, d'une personne qui est ma mère ?
Seul. Seul.
Le père est parti en smooking danser au Lion's club.
Le frère danse aussi…..

Ils sont conformes à eux-mêmes : des fuyards.

Dépendre la corde, appeler l'ambulance. 13 ans ?

Comment avoir confiance après ?

Le sport, le hockey et mes 15 ans.

Les copains.

Mes amis.

Ma famille.

Ma voie.

Le plaisir.

A 16 ans les couloirs des hôpitaux sont devenus pour nous des lieux personnels.Les lectures de diagnostics sont plus familières que les sorties avec les copains. Ces environnements aussi étranges qu'apeurant peuvent devenir familier, il faut simplement se dire que c'est normal, même si cela ne l'est pas et devrait ne pas l'être. Comme la mort de ces jeunes, leucémiques, croisés au hasard des couloirs. Et se dire qu'eux ne l'ont pas décidé d'être là-bas, mais elle…elle ? Appel au secours paraît-il ! Que peut un gamin de 12 ans pour aider une personne 40 ans plus âgée, à part d'être son otage, sa victime expiatoire, son trophée ? Alors quelle injustice et quelle luxe de se bousiller pour se sentir exister alors que Jacques et Alain sont partis, hier, et sans le vouloir. Ils auraient bien poursuivi, encore un peu, le petit chemin qu'ils avaient entamé.

Et puis l'aviron, mon grand amour. Elégance du geste. Douleur de l'effort, sensualité du bateau qui glisse. Tu m'as montré qui j'étais, et de qui j'étais entouré. Ces journées passées à s'entrainer, seul, et ce championnat de Belgique perdu à 30 mètres de l'arrivée, ne reviendra jamais. Quelle épaule à l'arrivée ? La phrase de l'homme dont je dois porter le nom « son frère aurait gagné ».

L'athénée et mes années, les plus belles.

Quitter les bas-fonds de Londres, L'assommoir.

Trouver la lumière.
Faire semblant d'être comme les autres.

Étudier, réussir, gagner, être premier pour exister ?

Découvrir qu'apprendre c'est aussi le début de Comprendre.

Par plaisir d'être l'inverse de ce que l'on vit. Serais-je né Rothschild cela eût pu être différent.

C'était une nuit, une de plus, seul une fois encore, le médecin appelé, toujours le même, le pauvre, ausculte cette femme, ma mère, et décide de ne pas appeler l'ambulance venue un jour avant. Il me dit, sur le dos elle va s'étouffer en quelques minutes, sur le côté, en position de survie, elle respirera : c'est à vous de décider, c'est un choix !! Un choix ??
Le choix d'arrêter d'être infirmier en psychiatrie et étudiant comme hobby ! A 20 ans ?
Alors la position de respiration fut surveillée toute la soirée, était-ce un choix ?

Et puis la vraie vie, la dure, la méchante, celle avec laquelle je n'étais pas prêt à me battre.

Malgré les 10 ans d'appels aux services d'urgence que je pratiquais couramment, j'étais plus doué pour juger de l'état de dégradation de ma mère que pour tenir tête à des professeurs d'université dont beaucoup, mais pas tous, étaient là pour tendre des cordes en travers de la course des adolescents qui tentaient de grandir

L'université, ces jeunes comme moi mais tellement d'argent, tellement différents, travail de fou, serrer les dents, réussir et continuer, ne pas s'arrêter, aller au bout. Au bout de quoi ? Au bout du tournant, et puis du suivant. Sauter la haie, seul, seul.

L'argent n'est pas tout, mais tout est argent, même la confiance en soi. L'arrogance comble beaucoup de bêtises.

Et puis les dépendaisons qui continuent. Et prendre les tournants, qui tournent, qui tournent.

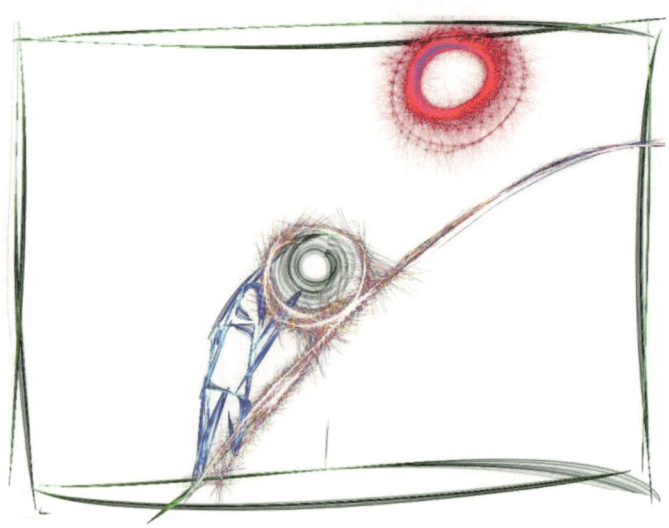

Et un jour, le ravin. Le virage de trop.

Trop, plus possible, la mort du père.

La mère à l'Asile. Les huissiers qui viennent présenter leurs condoléances sous forme de constat-saisie.

Saisie : le mot est exact pour une poésie des temps modernes.

C'aurait été mieux de dire papa. Mais non.

Tragique comme tout dans cette famille.

André Gide ?

Le frère au club med, qui venait de gagner la course des chariots ! Ah quelle joie !

La fin des études, figées en 4ème année sur 5, un diplôme, mais un tout petit. Seules les médailles d'or comptent.

Et alors tout s'arrête.

Seul sur ce chemin, mais ce n'était pas nouveau en fait, et le premier travail. D'avantage une occupation qui donne un peu d'argent, mais un peu, alors !

Le souvenir tout frais de la cérémonie d'enterrement du père. Aucune larme n'est sortie, à aucun moment, non par force ou courage. La présence de l'infinie tristesse d'une histoire finie qui n'avait jamais commencée. La perte d'une personne qu'on ne connaissait pas et qui d'ailleurs ne l'a jamais souhaité. L'inventaire des choses qui auraient pu être, et ne le seront jamais.

Je ne suis plus rien, si je n'ai jamais été quelqu'un, tout le monde peut s'essuyer les chaussures sur moi, puisque je dépends d'eux pour tout. D'autres personnes proches de moi, auraient pu. Mais la leçon finale déjà entrevue avant est définitivement confirmée et pour toujours que la seule main qui t'aidera est celle au bout de ton bras.

Les diplômes sont comme les podiums olympiques, et on ne retient que les 3 premiers. Qu'importent les finalistes ?

Le reste c'est une vie, la mienne, depuis lors.

L'âge adulte en cours accéléré.

On achève bien les chevaux en plus long.

Les faibles tombent, boivent ou se suicident.

 Les moins faibles se battent et survivent.

Les Hyènes gagnent.

Carpe Diem ! Vraiment ?

On ne se remet jamais de sa jeunesse, c'est un euphémisme.

D'autre encore plus que certains.
Cela dépend de la jeunesse aussi.

Il est des gens qui comme des lucioles traversent la vie et parfois longuement, profondément, comme Jean D'Ormesson.
Tout y a été merveilleux, ils le pensent, ils le disent, ils le savent.

Ce sont ces gens qui nous adressent en permanence un message qui nous fascinent et nous dérange, cette affirmation du JE, du MOI, du moment de plaisir, de la facilité des choses, sans arrogance avec élégance et intelligence.

Même si la vie nous a entretemps enseigné que ceci n'était parfois qu'une forme de politesse loin de la réalité, peu importe.
L'expression est là.

Lorsqu'on n'a pas appris à être écouté il est difficile de s'exprimer avec la sensation d'intéresser l'autre, les dissemblables.
On a plus le sentiment d'un dialogue interne.
Et la grande gueule, que l'on a, n'y change rien,....celle-ci n'est que l'expression du tempérament et n'exprime que des révoltes et jamais le fond....

On nous a tellement saoulés, Simon, toi et moi avec la résilience et notre force de caractère !
Cette résilience est une forme de pensée qui rassure les psychologues, puisqu'à toute forme de souffrance il y a lieu de trouver un remède.
On a donc inventé un mot : la résilience.

L'image qui vient à l'esprit c'est plutôt celle d'un boxeur qui « sait encaisser », il tient tous les rounds, se relève et repart. Il ne gagnera pas, car battu aux points, mais boxera encore et encore.

Viendra un jour où les coups reçus encore et toujours auront dégradé sa vue, son ouïe et on dira de lui « il savait encaisser ». La belle affaire !

Ce fameux bonheur, au jour le jour, peut naître du malheur, mais le malheur, lui, restera toujours caché au sein du bonheur, tellement souvent grimé derrière le maquillage des rôles.

Le malheur, ce n'est pas d'avoir manqué de bonheur, ce ne serait qu'une adversité, mais c'est principalement d'avoir manqué des outils pour tenter de construire ce contentement permanent et de découvrir à la fin de la promenade, durant laquelle on s'était égaré, qu'ont avait le plan de la ville en poche. C'est un peu le syndrome du meuble Ikea, qui lorsqu'il est enfin monté nous indique comment il aurait fallu procéder.

Comprendre ?
Mais on finit toujours, à force de vouloir comprendre, de devenir ce que l'on était et même si

c'est fort tard, d'être un jour soi-même.

Ne reprochons donc pas au destin notre propre incapacité à « nous vivre », nous connaître.

Jacques Chirac décrit tellement bien dans ses mémoires ces deux aspects qu'il a souvent côtoyés : le tempérament et l'éducation.

Si par tempérament on naît doux et rêveur dans une famille de peintre, on pourra trouver à nourrir cette âme tous les jours.

En naissant dans une famille de gens pénibles, sera-ce pareil ?

Et puis enfin, réussir sa vie ne sera jamais qu'une illusion, mais au moins avons-nous la chance de pouvoir tenter de la comprendre, un peu, un tout petit peu ; c'est notre richesse même si le ravissement d'avoir été enseigné à ne pas la rater, ce qui est bien plus facile à faire, n'a pas de valeur.

Si le sens de la vie est relié au moment présent, il se défile en permanence et ne pourra dès lors à force d'avancer trop vite qu'engendrer le vide et le moment sera mort dès qu'il est né.

Nous ne vivons nos moments « maintenant » qu'à travers le prisme des moments passés et des espoirs de « futurs » qui aussitôt arrivés seront déjà des anciens souvenirs.

ETRE, tous les jours, est plus compliqué pour nous, Simon, Léo et moi.

C'est plus le fait de la répétition des actes « qui ne changent pas » que de l'instant « du découvrir autre chose, toujours ».

C'est tout le sens profond que l'on peut découvrir à vivre avec nos compères animaux. La répétition de leur petit bonheur, chaque fois apprécié les éloigne de la lassitude des rabâchages.

Un chien, un chat ne se lassent jamais des moments réguliers qui font leur bonheur.

En cela ils nous sont tellement supérieurs, nous qui nous lassons de trois temps identiques.

Je dois d'avantage ressembler à ces animaux qu'aux autres de mon espèce qui veulent toujours, comme le dit si bien le « *parpaiouns* » de Pagnol : « *aller voir de l'autre côté de la colline* ».

Albert Camus aurait-il été ce philosophe, prix Nobel, si un jour le petit garçon pauvre, tuberculeux et probablement sale n'avait été remarqué par Jean Grenier, son professeur, son guide qui lui a offert cette chose inestimable qu'est la présence d'un accompagnateur, d'une perche, d'une conscience, d'une écoute, d'une parole, d'un avis, d'une leçon d'humilité, d'une instruction de courage, d'un exemple, d'une inspiration, d'un soutien, d'une amitié, du partage d'un moment triste ou d'éclats de rire.
Une route, une gare, un port, un hôtel, un cousin.

Quelques uns doivent probablement être assez brillants et intelligents pour se passer de ce support pour grandir, mais combien ?
Très souvent ils ne reconnaîtront pas en l'instituteur bienveillant ou l'encourageant professeur de sport la tantine de leur âme. Qui ont à un moment indiqué le chemin.

Toujours le chemin, jamais le but.

Peut-être même un père, simple mineur sans culture formelle, sachant peu lire mais qui mettait son cœur, sa passion et sa sagesse apprise sous la terre à la disposition de son gosse, des ses mômes, car eux ils existeraient un jour parce qu'il avait été la « courte-échelle » de leur vie.

De d'Ormesson, à Adamo ce fut le cas. Un père ambassadeur, un autre mineur de fond ont eu sur le destin de leur « gamin » cette même robustesse, créatrice de force pour ces petits navires qui eux aussi, comme tous les petits bouts, ne connaissaient rien aux étoiles.

Nous croisons tellement de chemins inconnus par nous mais déjà pratiqués par d'autres qu'il peut être fondateur qu'un plus sage nous en explique les destinations multiples.

Personne ne peut prétendre atteindre ce qu'il recherchait s'il n'a une carte tracée, commentée, conseillée. Soit la chance le hasard ou une destinée, si on y croit, peuvent indiquer à un jeune inculte sa bonne route.

Ou alors la rencontre tellement fantastique avec un autre, des autres ayant parcouru ces chemins sans issues, ayant pu déjà arpenter les terres fertiles et en indiquer au jeune impétueux les pièges et les attraits.

Et maintenant ?

Mes chers Simon et Léo,

Vous avez narré avec sentiments et évocations les expériences de notre vie, dont vous représentez les deux faces cachées avec vos talents, vos contradictions, vos doutes, vos ambitions, ce qui fait que nous sommes nous.

Très souvent, dans ce récit, les JE, les NOUS se sont confondus, comme s'unissent très souvent nos pensées multiples et contradictoires : action et nostalgie, sport et réflexion, philosophie et combat se mêlent entre nous.

Le petit navire qui ne connaissait rien aux étoiles, c'est toi Simon, toi Léo et moi l'Albatros sur sa falaise, qui est bien obligé de vivre avec ces « cela ».

Ce qui a fait que vous êtes tous les deux apparus dans mon esprit, c'est exactement la raison qui fait que vous êtes deux et que ce pirate de Léo a toujours été attentif et influencé par Simon, ce rêveur.
Pirate mais jamais tueur, menteur mais pas voleur.
Rêveur, mais jamais débranché.

Il y a maintenant quelques années que vous êtes apparu avec précision, après cet incendie intérieur qui, s'il laissa les murs porteurs intacts, détruisit la décoration de notre habitation commune.
Cette confrontation nous ne l'avons pas gagnée, on n'en gagne jamais, mais on apprend à l'apprivoiser, et elle fut pour moi la confession de mes deux « moi ».

Je ne sais pas d'ailleurs si nous avons vraiment perdu ce combat, car même si j'ai pu y constater l'atrophie de mon aile et cette incapacité à me comporter comme une larve ou un tueur, seuls « talents » permettant de voler vers le grand large, je ne peux m'empêcher de penser en même temps que l'air là-bas y est probablement tellement délétère que l'on n'y plane que peu de temps.

Et que très vite c'est la plongée dans l'océan, puis pour les meilleurs prédateurs ce sentiment de régner sur une cour des miracles des âmes et des cœurs.

Chaque fois que nous aurions pu prendre le commandement du navire, Simon intervenait pour nous rappeler à ce sentiment de droiture auquel il est tellement attaché : « messieurs les anglais : tirez les premiers » !

Le temps passe maintenant plus vite et tous ensembles nous décryptons d'avantage les signes de la vie faits de trahisons, de compromissions, de petits arrangements de tous ordres.

Pour apprendre à comprendre nous nous interrogeons sur le sens des actes passés. Même si cette notion de ne « *pas être comme les autres* » nous habite trop souvent, et depuis trop longtemps, ne sommes nous pas tous dans cette disposition à nous sentir différents ?

L'assassin, le voleur, le menteur, et tous les autres ne sont-ils pas tous persuadés de ne pas être « comme les autres » ce qui finalement est une bonne motivation pour se sentir à l'aise.

J'ai moi-même repris contact avec ce passé, même si je le sais Léo, tu m'en avais dissuadé !
Ce passé est venu à moi sans que je ne le sollicite, via l'autre fils de mes parents, l'homme riche tellement à l'aise dans la société, tellement spirituel, qui m'est apparu finalement, comme un pauvre hère à la recherche de son ombre.

Vous souvenez-vous combien nous avons été heureux aux temps de l'Athénée, nos années d'adolescence ?
Mes amis étaient ma famille, leurs parents étaient les tantes et les oncles que je n'avais pas, mes professeurs mes éphémères tuteurs.
Ils étaient tout, même si je sais que tout peut-être illusion, et que celle-ci comme au cirque, ne nous émerveille que quelques instants.

Je n'ai oublié aucun de ces moment précieux, aucune anecdote, ou plutôt c'est toi Simon qui les a gardés dans ton cœur, dans tes notes sensorielles.
Léo, était lui gêné d'être là, de penser que finalement en rentrant on retrouverait ces ambiances pesantes, ces silences et l'indifférence, l'indifférence.
Pourquoi Simon apprécier ces moments puisque nous les regretterons aussitôt de retour au domicile, pas à la maison, puisqu'il n'y en avait pas.

De vous revoir dans mes pensées, Simon et Léo, m'a fait ressentir à nouveau l'affection et les sentiments que j'avais pour tous ces amis, partis dans leur vie, dans leurs amours, et dans leur carrière, réussies pour beaucoup, en tout cas selon l'apparence de Facebook où tous sourient, sont heureux et amis avec plus de 200 personnes !
Il est certain que leurs dimanches seront toujours très occupé avec tous ces Amis.
Ou pas !

Nous vivons dans une société où la mort a disparu, et pourtant l'impression de « *Memento Mori* » devrait être plus que jamais présente dans cette société d'apparence.

Cette apparence qui permet de se sentir enfin éternel et d'agir au jour le jour comme si tout allait continuer sans fin.
Si la mort a disparu de notre vision, elle est toujours bien là « la camarde » ! Déguisée en Drag Queen, en dandy, en punk mais elle là et présente.
Seule différence d'avec le passé, plus aucun hommage ne lui est dorénavant rendu.
Son ouvrage à peine terminé, les corps sont amenés et brulés, afin qu'à aucun moment son ombre ne puisse ternir nos fêtes modernes et permanentes.
Facebook a même créé ce qu'aucun mage n'avait réussi à faire pendant des siècles : créer l'éternité des êtres et de leurs « amis » qui finalement ne meurent jamais, puisque leur avatar, mot rarement aussi bien choisi, subsiste.

En reprenant contact avec cette ancienne famille, virtuelle malgré tout, je me suis rendu compte qu'au total on ne change jamais, on vieillit, on devient malade, on perd ses cheveux, on a mal aux os, mais bon sang, notre cœur ne change pas, et je me retrouve le seul à me souvenir de ces jours que je continue de considérer comme heureux.

Est-ce le cas pour ces anciens membres de la famille ou est-on plus proche d'autre chose ? De façades, de bien-disant, d'oublis aussi…

On a mis des années à devenir ce que l'on ne voulait pas être, ce serait dès lors trop idiot de le reconnaître et de se faire du mal.
Mon copain anarcho-troskiste, tendance 1917, qui est devenu huissier de justice souhaite-t-il tellement que le passé se rappelle à lui en lui indiquant cette trahison de conviction ? Trahison de tout, sauf de l'envie de paraître.

Ce n'est pas tellement trahir qui est moche, c'est surtout d'avoir oublié qui on était, d'avoir mis au grenier ses rêves d'ado et de se laisser confire doucement dans le jus lénifiant de la bourgeoisie bien pensante qu'ils critiquaient tellement.

Nous sommes parait-il maître de nos choix !

Marc, Cécile, Patricia, Olivier ont-ils fait ces choix de manière affirmée ou ont-ils pris comme nous tous les trains qui se présentaient ?

Une au moins qui avait dans sa poche les horaires et le quai de départ, s'y est tenue, et est devenue une brillante pneumologue qui joue au tennis et rie comme tout le monde sur Facebook.
Pour elle c'est certainement plus crédible que pour beaucoup et dans ce succès du choix personnel, il en faut quand même, on y retrouve tous les éléments inversés de nos trains ratés.

Et si pourtant ?

Juin 1966, il faisait maussade comme souvent depuis plusieurs mois. Le ciel se faisait lourd comme chargé de plomb, mais en ce triste début d'été il ne pleuvait guère.

Je tenais la main de mon papa, et ma maman qui suivait un peu derrière était jolie, portant une mini jupe comme c'était la mode à ce moment, avec des motifs géométriques noirs et rouges.
Ses 35 ans lui allaient à ravir et elle sentait bon le parfum au muguet de chez Dior qu'elle avait coutume de porter.
Papa portait un jeans comme c'était devenu la mode pour beaucoup d'hommes mûrs mais encore jeunes, surtout les weekends.
Les blousons noirs n'étaient plus les seuls à pouvoir les porter.
Nous marchions lentement vers le cinéma Métropole, où nous allions voir « *un homme et une femme* » de

Claude Lelouch, un jeune réalisateur français dont mon papa me parlait avec entrain.
N'avait-t-il pas décroché la dernière palme d'or au festival de Cannes ?
Durant la séance je me souviens encore maintenant combien Anouk Aimée était belle et douce avec cette petite voix timide peinant à exprimer son désir.
Après le film, comme souvent, mon père nous entrainait boire un verre pour discuter de la séance, qu'aimions-nous, étions-nous d'accord avec ceci ou cela ?
Je l'écoutais avec attention et le simple fait qu'il me demandait mon avis, le contredisait gentiment mais avec beaucoup d'affirmation, me faisait quitter ma timidité naturelle qui me poussait tellement à penser que ce que je ressentais n'était pas partagé ou partageable.
Maman m'encourageait à ces discussions, me disant qu'une fois lancé, je devenais un « moulin à paroles ».
En sortant du café, « *Au Renard* » boulevard Adolphe Max, il faisait nuit, mais l'air était encore

tiède, et sentait bon le tilleul en fleur dont le boulevard était encore à cette époque décoré.

Nous allions chercher la voiture, garée près du cinéma, place de Brouckère.

Il est étrange de penser à ces jours en voyant ce que Bruxelles est devenu, cette ville où maintenant l'insécurité le dispute à la crasse.

Nous étions encore dans cette ville bourgeoise d'origine flamande, mais n'ayant jamais quitté la France et où l'on entendait à chaque coin de rue une expression comique, un « Peï » ou « fieux » …je ne vais pas ajouter de couplets à ceux de Jacques Brel, mais on avait encore plaisir à « bruxeller » dans cette petite ville doucement rebelle et tellement jolie.

En roulant vers notre maison, nous passions près des usines de café « *Jacquemotte* » et des chocolats « *Côte d'or* » et c'était alors toute la voiture qui se parfumait des mélanges sublimés des torréfactions de graines de café et de cacao.

Le lendemain, mes parents avaient proposé de m'inscrire aux cours de piano de Madame Dabuzo, car ils pensaient que deux années de solfège patiemment appris, les avaient convaincus de mon assiduité. Mes doigts cours et mes poignets peu mobiles qui me donnaient déjà une écriture de médecin, ne favoriseraient pas l'éclosion d'un nouveau Glenn Gould, comme aimait à le dire mon père dans un grand éclat de rire qui n'amusait que lui. Mais finalement, disait-il, en continuant à glousser, cela permettra d'animer à peu de frais les fêtes familiales !

Derrière ce sentiment qui aurait pu en décourager plusieurs, je trouvais au contraire beaucoup d'encouragements, car mes parents me montraient que le talent ne résolvait rien et que le bonheur se trouverait dans l'accomplissement personnel de nos envies.

L'avenir leur donnerait raison, puisque bien que dessinant infiniment moins bien que papa, je décrocherais quelques années après un premier prix de peinture, grâce à un tableau prémonitoire sur la pollution et les villes modernes.

Point n'est besoin de transpirer le génie pour s'exprimer, émouvoir et faire partager durant un bref instant un sentiment, une joie, une révolte.

Souvent après les cours de piano, mon père m'attendait dans sa voiture, le poste de radio jouant des airs de « Chet Baker », et lui fumant ses fameuses cigarettes « Admiral » vestiges de la guerre chez les commandos britanniques, et qui lui joueraient bien des années après un bien mauvais tour.

Sur la plage arrière de la Ford « Cortina », se trouvait le dernier 33 tours de Toots Thielemans ou d'Ella Fitzgerald. Il roulait plus vite que d'ordinaire, probablement pressé de réécouter les morceaux déjà entendus chez le disquaire de la place Saint-Pierre.

Je partageais alors ces moments d'enseignement musical et je prenais ces instants comme des perles de vie, conscient que toutes ces choses m'accompagneraient pendant tout le reste de mon chemin. L'inconscience de la jeunesse est le terreau de la conscience future d'un adulte serein.

C'est aussi à cet âge que courant toujours à chaque occasion, je fus intéressé par l'athlétisme. Mon physique hérité de mon grand-père maternel, musculeux et trapu m'avait naturellement poussé vers le sprint.

A cette époque, seuls deux clubs existaient à Bruxelles et il n'était pas simple de les rejoindre, alors que cette belle ville ne fût pas encore devenue le Chicago européen d'aujourd'hui.
Les trams ne roulaient alors souvent plus après 20 heures.
Qu'importe, puisque devant les encouragements de l'entraîneur, mon père décida de m'inscrire au club situé à quelques encablures du terrain de football où mon frère plus âgé s'entrainait.
Cela permettait de faire de joyeuses équipées de copains des deux sports que nous ramenions un à un sur notre chemin de retour.

Lors de mes premières compétitions une organisation militaire s'était mise en place pour permettre à chacun de suivre et d'encourager les deux fils, père, mère, parrain et marraine étaient donc successivement recrutés pour ces départs au petit matin, le dimanche bien souvent avant les laudes.

Que d'incroyables souvenirs de ces moments où régnait dans la voiture un épais silence, lourd de sens, car les compétitions allaient s'enchaîner dans quelques heures.

Le souvenir des petits matins brumeux où le jour pointait lentement sur des routes encore à 2 voies, encore campagnardes bien que nationales.

Point de dernière recommandation assommante, mais de subtils clins d'œil et de petites tapes sur les cuisses nous indiquaient toute la confiance que nos géniteurs mettait en nous.

L'adoration béate n'était pas de mise, car les conseils avisés de l'un ou de l'autre durant l'échauffement nous mettait en garde contre le « grand flamand roux » du couloir 8, qui avait couru en 11,6 sec. au dernier championnat ou de la bonne tactique pour prendre le virage du 200 mètres avec un mauvais numéro tiré au hasard peu avant.

Ainsi allait cette vie où rien n'était contraint, mais où tout était encouragement, éclairage et soutien.
Comme le disait si bien Pagnol, mon père et ma mère avait 25 ans de plus que moi depuis la naissance et cette différence n'a plus jamais changé !
J'ai compris bien plus tard, mais ils nous le faisaient sentir aussi, qu'ils avaient fait le choix de cette vie avec leur enfant, non pour que nous vivions à leur place ce qu'ils n'avaient pu eux-mêmes connaître, mais pour avoir ce plaisir de Passer.

Transmettre le savoir acquis, l'expérience, transmettre l'amour des choses, de l'art et du sport, mais aussi des études et de l'effort, enfin de toutes ces choses qui nous font nous accomplir pleinement. Grâce à cette passion du Passage ils m'ont fait gagner 25 ans.

Tout enfant est un buvard et très peu restent sourds à la curiosité, même si beaucoup ne peuvent briller ou exceller dans les domaines enseignés, le chemin parcouru par un « *p'tit d'homme* » pris par la main d'un adulte partageur et aimant fera arriver ce petit bout tellement plus loin que s'il avait du découvrir seul la route en se fourvoyant horriblement souvent.

Si les génies innés existent, ils sont une terrible exception qui nous cache trop souvent tous les errements et les fausses routes de tous les autres.

Ce n'était pas à la maison un club de vacances avant la lettre.
Longtemps je me suis interrogé sur la raison de ma présence dans une classe.
Que me voulaient donc toutes ces personnes avec qui nous ne faisions rien d'intéressant.
Trop rêveur, trop jeune dès que je fus tout petit, trop naïf.
Bref trop tout.
Les notes reçues étaient à l'inverse de l'anxiété de mes parents.

Là encore, où d'autres adultes auraient employé la violence, je fus accompagné par l'un ou l'autre, disponibles après chaque journée de travail, sans exaspération et tout en conviction.

Puisque la société impose dès l'âge de 6 ans d'être performant sous peine d'apparaître à tous comme anormal je fus guidé pour faire en sorte que la société ne m'impose pas son rythme trop violemment.

C'était donc de longues heures passées dans le bureau de papa, lorsqu'il dessinait ses maisons, à me faire suivre le programme que je ne suivais pas la journée, étant toujours dans mes rêveries, regardant d'avantage les oiseaux au dehors que le tableau devant nous.

La grammaire me semblait représenter un code de la route inutile, puisque je parlais sans devoir comprendre les finesses de l'épithète, ni du pronom personnel.

A peine savais-je compter, et encore, que de savants pédagogues se mirent au travail pour m'expliquer les tenants et aboutissants du calcul binaire où $1 + 0$

faisait 0. Toute cela aurait pu définitivement me perdre, ayant par tempérament l'âme logique et le besoin de savoir POURQUOI.

Tous les enfants sont des feux d'artifices, mais tous ne se déclenchent pas en même temps.
Lorsque la mèche est trop tôt allumée l'effet n'est plus le même.
Combien de « bouquet final » ne se sont-ils pas allumés 10 ans trop tôt, laissant à l'âge adulte une carcasse sèche et noircie, mais combien aussi de poudre gaspillée par de trop précoces mises à feu !

Il faut toujours se méfier des Mozart en herbe, qui trop souvent ne terminent même pas simple pianiste de bar.

Un jour apparait enfin qui voit le réveil s'opérer.

Le temps laissé à l'enfant pour s'épanouir sans se détruire, est alors mis à profit pour avancer à marche redoublée.

C'est ainsi, qu'ayant couru en queue de peloton toutes les années de l'école fondamentale, je me décidai vers 12 ans à remonter vers la tête de celui-ci. Ni la remontée, ni mes accélérations ne me fatiguèrent. J'y prenais du plaisir, et les compétences s'accumulèrent comme les tendres feuilles vertes du printemps sur un jeune chêne.

Les premières amours furent les premiers poisons absorbés, qui s'en étonnera ?
Là où d'autres y perdirent pour longtemps leur confiance et leurs illusions, je fus en mesure de franchir ces récifs sans trop de dégâts, puisque les filles que j'invitais à la maison étaient reçues comme des princesses et mises en valeur.
Nous étions elles et moi entourés sans jugements et invités à table comme de vieux amis.

Chaque rupture était pour mes parents comme la perte d'une fille, ce qui les a conduit à recevoir plus d'une fois mes anciennes amours à la table du dimanche.
Elles devenaient en quelque sorte des cousines.

Il fallait dès lors simplement jongler avec les invitations, mais mes grandes rencontres ne furent pas très nombreuses, et moins d'une main d'un manchot suffirait à les compter.

Toutes mes « cousines » furent près de moi me serrant contre elles le jour où nous dûmes dire définitivement adieu à ceux qui m'avaient tellement et merveilleusement tuteuré pendant 22 ans.

Et puis, le petit plant bien frêle du début, se transforma en un robuste et jeune arbre, enraciné dans un sol sûr, abrité des tempêtes. Prêt à devenir ce chêne centenaire qui ferait les délices des enfants dans quelques décennies, auprès duquel comme disait Brassens, les belles viendraient s'abriter par temps d'orage.

Le temps était venu de dépasser mes propres ombres.

Le moment était là pour s'accomplir, pour permettre le Grand Envol, celui qui est libérateur des doutes et des craintes de la jeunesse qui ne furent, grâce à mes parents, que de légers stratus tout en haut du ciel et qui jamais ne purent dissimuler ni l'horizon, ni le soleil.

Nous avions tellement discuté avec Papa et Maman de ce que j'accomplirai.

Reçu avec mention très bien au Bac, tout en apparence pouvait se réaliser.

En apparence seulement, car là encore il existe un noir océan entre ce que l'on peut faire et ce que l'on sait faire.

Je ne sais plus qui avait remarqué chez moi l'empathie naturelle qui m'habitait depuis l'époque des mes culottes courtes.

Combien de Dimanche passés pour collecter de l'argent, dès mes 8 ans, qui pour la Croix-Rouge, qui pour le Sahel.

Il ne suffit pas d'être très bon en mathématique pour devenir plus tard un grand manager, ou tout simplement un cadre, mâtiné de toutes les ruses qui permettent d'accéder au pouvoir.

La Médecine s'ouvrait dès lors comme seul choix qui correspondait à mes aspirations de savoir et d'humanisme.

Mes doutes sur les actes pratiques furent bien vite balayés, ma mère ayant sollicité l'aide d'un ami d'enfance, chirurgien à Saint-Pierre qui me démontra facilement que si la chair peut-être anonyme, l'acte d'aider et de soigner demeurait personnel et humaniste.

La traversée démarra donc, avec ses amoncellements d'étude, ses journées de 14 heures et cette fantastique idée, transcendant tout, qu'une inoubliable aventure avait commencée qui ne s'achèverait que lorsque mon dernier clignement d'œil serait venu.

En 1977, mon Père disparu, emporté par ses chères cigarettes et Maman ne tarda pas à le rejoindre. Malgré tout cela le mouvement était lancé, j'entrais en 4ème année de médecine, études que je terminerai grâce à mon parrain qui m'offrit le gîte et l'assistance que tout jeune homme a besoin de connaître dans ses moments de doutes et de peines.

Le reste de l'histoire fut celle que j'espérais, puisque je devins généraliste et qu'à la campagne j'eu l'occasion de connaître des joies mémorables faites d'accouchements, de guérison mais aussi de décès guidés, tenant dans ma main celle de ceux prêts à faire le passage.

Mais enfin ?

7 milliards d'habitants sur la terre.
7 milliards de romans.

Pourquoi un de plus alors ?
Surtout si on ne vise pas le Goncourt ?
Mais pourquoi crayonner, si l'on n'est pas Dali ?
Pourquoi peindre si l'on n'est pas Renoir ?

Et pourtant qui connait bien Mary Cassatt ? Celui qui pourtant a vu ses peintures ne peut les oublier.
Elle m'a tout autant marqué par sa finesse et sa sensibilité que Monet ou Sisley.
Alors nous nous sommes dits, moi, Simon et Léo que si un jour une personne lisait ce livre et se sentait moins seule dans sa réalité cela voudrait alors signifier que nous n'aurions pas seulement accompli ce voyage pour nous mais aussi pour elle.

Ce voyage qui nous a permis de découvrir la jungle de notre âme et de mettre des mots sur une « différence ».

Il semble naturel pour tellement de monde de ne rien dire, jamais.
De ne pas se répandre, jamais.
Nous sommes tous les trois les fiers représentants de cette catégorie de pudiques muets.
Nous avons pourtant tellement horreur des lamentations indécentes mais en même temps nous pouvons trouver tellement ensorcelants les aveux des gens sincères.

Avoir une vision d'un destin ?
Avons-nous finalement un destin ? Un Albatros, un Simon, un Léo ont-ils un destin ?

Je ne partage pas l'idée d'un destin qui ne serait que le reflet de son caractère de son hôte.
Bien au contraire, nous sommes, ils sont, tellement dans l'immédiat, le « tout-de-suite », le matériel que plus personne ne prend le temps de regarder la terre

et le tout petit chemin que nous laissons peu de temps, mais quand même, dans les nuages du temps.

Avons-nous progressé depuis 2000 ans ?
Guère, voire pas du tout.
Les tragédies grecques sont enseignées comme le sont les dinosaures. Cela a existé, mais c'est tellement loin.
Pourtant leurs histoires sont toutes et toujours contemporaines et tellement !
Pour ceux qui ont pris une heure de leur existence à réellement scruter celle-ci, comme nous trois l'avons fait au hasard d'un tournant, il n'y a pas de doutes.
Mais c'est également se décider à vivre perpétuellement écartelé entre ce que nous sommes et ce que notre chère société attend de nous pour bien fonctionner.
Tristement, l'unité entre ces êtres ne pourra se faire que si dans cette personne un talent existe.
Un vrai, un fort.
C'est tout le charme de l'artiste courtisé par des mécènes qui une fois le dos tourné s'en vont

estropier d'autres oiseaux, d'autres loups, d'autres ours….Nous.

Pourtant les routes et chemins que tracent notre vie sont marqués par quelques bornes qui sont nos moments de joie, mais aussi par tellement de croisements que sont nos malheurs, et ceux-ci dureront toujours.

Alors pour supporter les jours sans tain, moi l'Albatros éclopé, je me suis créé mon propre héros qui vit avec moi, réfugié dans la musique qui me parle des autres. Ceux d'ici mais aussi de ceux d'avant.
Je comprends, je ressens alors et enfin, quelques pages de la vie, de celle qui avance mais qui aussi s'arrête.

L'écriture, comme tout autre Art est libératoire.
Elle doit certainement être jouissive si on invente des romans créés de toutes pièces.

Mais aussi longtemps que l'on écrit sur des éléments qui tirent leur origine du plus profond de notre Nous, c'est autrement compliqué.

La réelle extraversion est nécessaire.

Pas celle de l'expression orale qui peut si facilement dissimuler la timidité et la crainte de n'être entendu par personne, celle que les acteurs et moi-même ont la coupable habitude d'utiliser.
La vraie existence d'un égo est obligatoire pour achever tout travail d'écriture, qu'il soit personnel ou fantasmé.
Le chemin parcouru en volant avec l'oiseau que je suis à la recherche de son trouble a été initiatique vers cet égo qui leur a tant manqué à Simon et Léo.

Tout arrivant un jour, soudainement, alors que l'on ne l'attendait plus, on se retrouve dans les paroles d'autres, plus emblématiques que les siennes et bizarrement déjà admirées.
Prémonition des frères de races.

La bouleversante crise mondiale qui traverse le monde depuis 2008 a été cet événement cathartique qui a commencé à nous permettre de briser nos muselières.

Le début de la fin du modèle imposé par 50 ans de vision de conte de fées et d'obscurantisme a libéré la parole de tout ceux qui pensaient mais ne parlaient pas. C'est souvent dans les grandes terreurs que les vrais courages se font jour et que les hérauts des anciens seigneurs subitement muets, apparaissent comme de simples tonneaux creux sans plus de résonnance.

Une thérapie simple, juste et courte m'a permis de mettre toutes les pièces du mécano en place. Comme toute libération, ce ne sont bien sûr pas uniquement les penseurs économiques qui furent libérés, mais toutes ces personne empreintes d'Humanité et de Lumière, qui trop longtemps tenues en laisse ont enfin pu Dire.

Et je fus de ceux-là, même si le chemin fut long, très souvent rattrapé par les douloureux faux plis de l'enfance, qui bien sûr ne s'en iront jamais réellement.

Je retiendrai Stéphane Hessel, et son petit essai « Indignez-vous » qui, s'il avait été publié quelques temps avant, l'aurait été au mieux dans un journal de scouts mais qui se retrouva publié à des millions d'exemplaires, preuve du début de la fin de nos anciens Maîtres.

En parlant de Stéphane Hessel, il faudrait aussi évoquer la notion de pardon qui le caractérise. Mais celui-ci ne vient-il pas de l'expression du regret de l'autre de n'avoir pas compris ?

Excuser les proches des drames créés par prétention et arrogance ne se fait réellement que lorsqu'il y a une reconnaissance des tragédies engendrées.

Sinon il reste l'indifférence et le mépris pour ces êtres qui ont trouvé plus confortable de confire doucement dans leur certitude jusqu'à la dernière seconde, rougeaux de leur bon droit et de leurs bonnes pensées très souvent puisées dans leur Sainte Chrétienté et leur quant-à-soi.

Alors et finalement, l'Albatros se dit que lui aussi pourrait un jour être écouté et lu.

Donner un peu ce qu'il avait trouvé chez les autres dans le partage des idées et émotions.

Il n'avait retrouvé que rarement dans ses lectures ce thème si cher à ses pensées du faux « Tout »!

Fausse famille, faux départ, faux semblants, faux amis.

La contrefaçon des sentiments et la manipulation de tous petits bouts « *qui connaissaient rien aux étoiles* ».

Epilogue

Nous sommes tous dans une espèce de course cycliste, professionnelle et permanente, c'est-à-dire de celle qui roule à 40 Km/h, les roues serrées l'une contre l'autre. Les virages et les côtes s'enchaînent.

Les jours de course et les étapes se succèdent l'une après l'autre. Ces courses qui n'en finissent pas empêchent tout recul. Celui qui met pied à terre, ne reviendra plus.

Cet enchaînement diabolique de petits événements, parsemés de petites victoires, car sinon peut-être aurions nous mis enfin pied-à-terre, nous pousse à reprendre notre bicyclette le lendemain, et le surlendemain et ainsi de suite.
Chômer ou être malade ce n'est même pas s'arrêter, c'est commencer une autre forme de compétition, encore plus rapide, encore plus abrutissante.

On a toujours le choix paraît-il !
Foutaise de mauvais intellectuel, le choix de vivre ou de mourir si on est seul c'est assez simple à prendre.
Mais pour les autres que vous avez en remorque et que vos primes de course font vivre ?
En prenant du recul, c'est maintenant exactement la vie qu'il a eu, Alba.

Dès qu'il fut obligé de voler, il est parti dans un peloton. Pas bien fort, avec son aile qui déjà l'handicapait.

Prendre du recul avant de s'élancer c'est cela une vraie richesse, qu'il faut saisir si on le peut.
Regarder la carte, se demander à 22 ans qui l'on est, analyser les chemins, les possibles, les peut-être, refuser l'inacceptable, se créer les étapes.
Bref, choisir, c'est cela un luxe que bien peu peuvent utiliser.

On pense trop souvent qu'il sera toujours possible de ralentir, de mettre pieds à terre et de quitter cette course, et bien non ! Ou c'est très rare, ou c'est très faux. Je crois rarement aux ex-banquiers stressés qui ouvre une ferme dans les Causses, ou alors seulement grâce aux 10 millions d'Euro reçus comme prime de départ.

Le début de la compétition est important et tant qu'il ne fallait pas voler très vite, mais seulement parader, il s'en était correctement sorti Alba, de grande taille et l'œil bien bleu il pouvait faire illusion.
Lorsque les vols se firent plus nombreux et plus durs il eu bien du mal à suivre.
Lorsque la course s'accéléra, jamais Alba n'eu la force de jeter un plus jeune, ou tout simplement un de ses congénères affaibli par terre, afin d'appliquer les lois du Darwinisme et devenir le chef de la falaise, le patron du peloton.

Si l'important c'est bien la route menée et non l'endroit où l'on arrive, alors Alba n'a pas à rougir de celle-ci. Les regrets et les remords pavent le chemin de tellement de drôles d'oiseaux. Mais cette remarque, il doit se la répéter souvent, car quelle différence entre penser et croire.

Ainsi que le souligne le proverbe chinois
« l'expérience est une lanterne que l'on accroche à son dos et qui n'éclaire que le chemin parcouru ».
Mais comment comprendre le présent et envisager un avenir si on n'a pas assimilé le chemin parcouru, ne se contentant que de naviguer « maintenant » et « tout se suite » ? Ce que nous pousse à faire ce siècle très particulier, ayant ignoré et gommé les notions de vie, de mort et d'existence.
On passe sa vie à croire qu'elle sera infinie, et dès lors on joue dans cette pièce de théâtre sans contrôle et sans le vouloir toujours.

Et puis, enfin, commencer à comprendre son chemin, les virages, et l'étape finale n'est ce pas uniquement possible que peu de temps avant la fin du voyage ?

L'histoire dessine le parcours de chacun avec de petits traits, fins et parfois même peu visibles.
Les années passant, ces petits traits constituent un portrait, un visage parfois, mais très souvent on ne verra que le dernier trait dessiné en se disant « tiens, une ligne… ; ».

Dès que nous parvenons à prendre du recul ou de la hauteur en observant correctement toutes ces petites lignes on distingue alors clairement le sens du tableau, la ligne du trait.

J'ai maintenant compris à travers ce voyage mes chers Léo et Simon, et le recul pris sur notre chemin, le dessin que nous avait créé notre histoire.

Ou l'inverse.

Et que finalement défier son tempérament profond, son être réel, c'est prendre le risque de toute façon de rater quelque chose.

Mesurer aussi combien l'effet papillon existe dans l'univers de chacun.

Un professeur plus puissant qu'un autre peu orienter le parcours d'une vie.

Une école de cinéma aurait pu remplacer l'université et les Maths. Ou de théâtre.

Mais voulant se rassurer dans le monde rationnel des sciences qui apparaissait à 16 ans comme un socle plus ferme qu'une « *artistitude* » de gens un peu déjantés, les sciences furent choisies, seul porte possible pour éviter l'errance, semblait-il, car nous en fréquentions déjà assez des personnes chargées en médicament et alcool. La tentation de la rationalité comme bouée de sauvetage.

Eussions-nous été cancre que le choix se serait peut-être opéré de lui-même.

Routes, destins, croisements, panneaux, sorties loupées, entrées mal vues, déviation, accidents, panne sèche,.....Un voyage quoi !
Mais aussi et surtout que derrière l'apparence du clown, du « *fort des halles* », du fonceur, de l'homme pressé, toutes attitudes utilisées pour survivre, reste et restera toujours marqué le petit Simon qui « *connaissait rien aux étoiles* » pour tracer sa route.
Alors autant être fier de ce que l'on est vraiment, même si nous restons vulnérables, nous SERONS et à l'Heure décisive savoir cela c'est ne pas rater sa sortie.

Aspelt, Grand-Duché de Luxembourg, juillet 2012

Et maintenant ?

Combien de chansons, de musiques et de poèmes n'aurions nous pas souhaité insérer dans ces réflexions, Barbara, Brel, Baudelaire, Sheller, Rachmaninov, Bach et Vivaldi…. Et….

À vous qui avez voyagé avec nous, j'ai pensé ne pas vous quitter brutalement avec le mot FIN en bas de du dernier chapitre.

Un récit de voyage et de pensées qu'espère être ce livre, devrait se quitter doucement, en espérant que ce chemin décrit facilite le vôtre.

J'y ai donc glissé quelques paroles qui font partie d'Alba et de ses deux avatars.

Jacques Brel qui nous a dit,

« Telle est ma quête,

Suivre l'étoile

Peu m'importent mes chances

Peu m'importe le temps

Ou ma désespérance

Et puis lutter toujours

Sans questions ni repos

Se damner

Pour l'or d'un mot d'amour »

<u>*« La quête »*</u>.

Et encore de Jacques :

« Je suis mort à Paris

Tombé au champ d'amour

Pour un prénom de fille

Qui m'avait dit toujours

.....

Tu n'y peux rien changer

Je suis mort à Paris

Fusillé par une fleur

Au poteau de son lit

De douze rires dans le cœur »

« Clara »

Mais aussi William Sheller, autre grand faiseur d'impressions fugaces et finalement définitives :

« La vie c'est comme une image

Tu t'imagines dans une cage

Ou ailleurs

Tu dis "C'est pas mon destin"

Ou bien tu dis "C'est dommage"

Et tu pleures

On m'a tout mis dans les mains

J'ai pas choisi mes bagages

En couleur

Je cours à côté d'un train

Qu'on m'a donné au passage

De bonheur

Et je regarde ceux

Qui se penchent aux fenêtres

J'me dis qu'il y en a parmi eux

Qui me parlent peut-être »

« Oh, j'cours tout seul. »

Et enfin, Barbara qui m'a dit si souvent,

    « Ça ne prévient pas quand ça arrive

    Ça vient de loin

    Ça c'est promené de rive en rive

    La gueule en coin

    Et puis un matin, au réveil

    C'est presque rien

    Mais c'est là, ça vous ensommeille

    Au creux des reins »

<u>« le mal de vivre »</u>

<u>Et pour conclure, Pierre Bachelet, et oui !</u>

« Plus on est grand et plus c'est pire, moins c'est marrant
Moins qu'on est gai et moins qu'on s'marre évidemment
Moins qu'on est petit et plus c'est moins qu'on est pas grand »

© 2013, Jonniaux
Edition : BoD - Books on Demand
12/14 rond-point des Champs Elysées
75008 Paris
Imprimé par Books on Demand, Norderstedt, Allemagne
ISBN : 9782322030279
Dépôt légal : janvier 2013